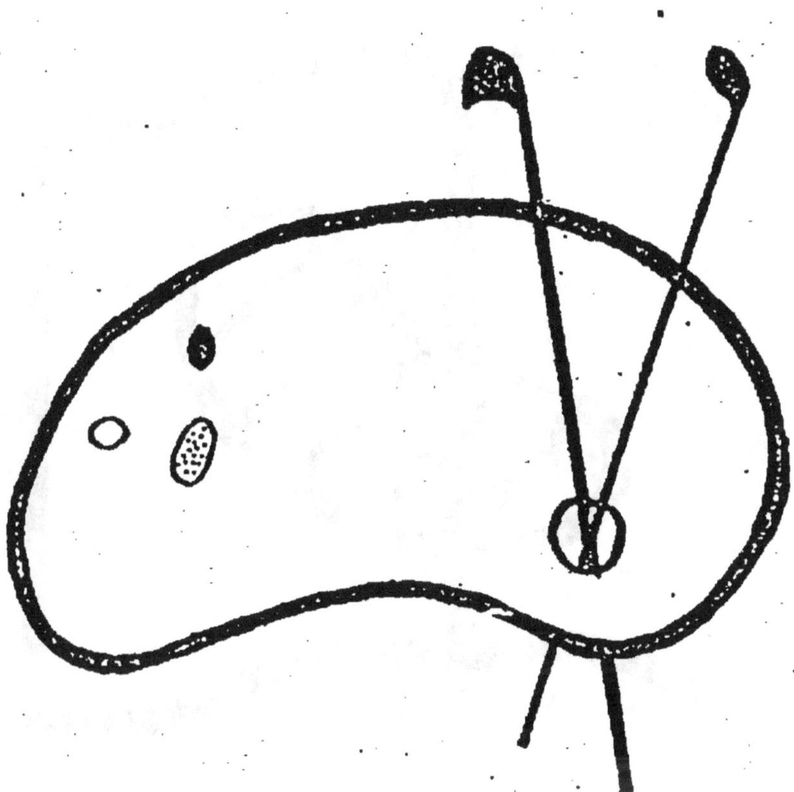

DEBUT D'UNE SERIE DE DOCUMENTS
EN COULEUR

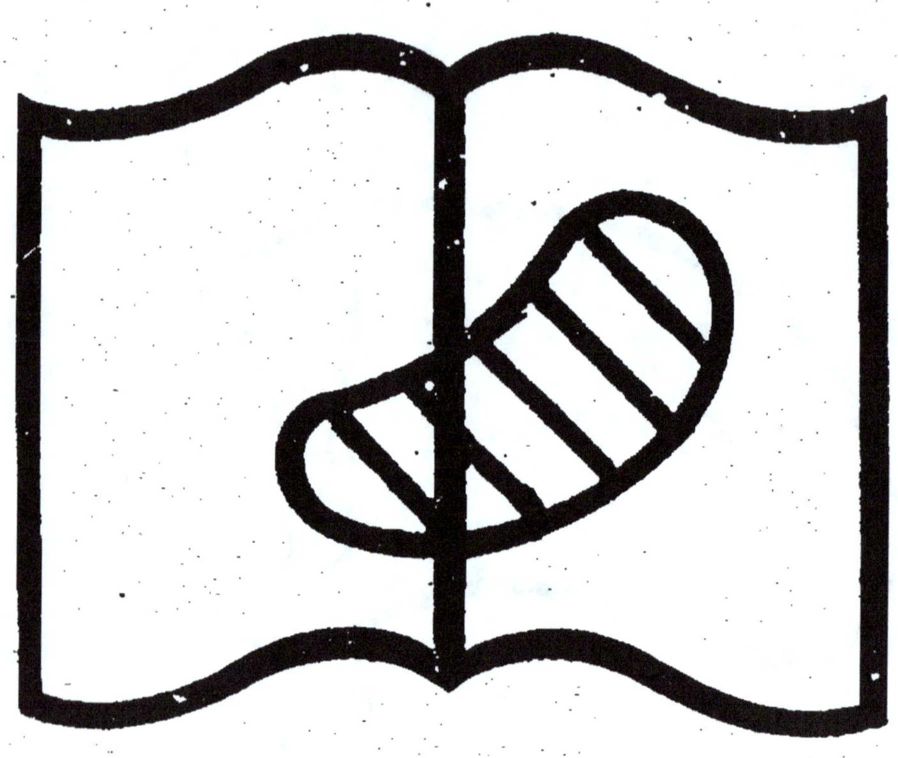

La Formation

de

l'Opinion publique

Suivie d'une Note sur la formation des idées en général

PAR

R. CHASSERIAUD

Ancien élève de l'Ecole Polytechnique.

AVEC

Préface de Ad. DOUTRE

Lauréat de l'Académie des Sciences

1 fr. 50

PARIS

LIBRAIRIE DES SCIENCES POLITIQUES ET SOCIALES

MARCEL RIVIÈRE ET Cⁱᵉ

31, rue Jacob et 1, rue Saint-Benoît (6ᵉ Arrond.)

1914

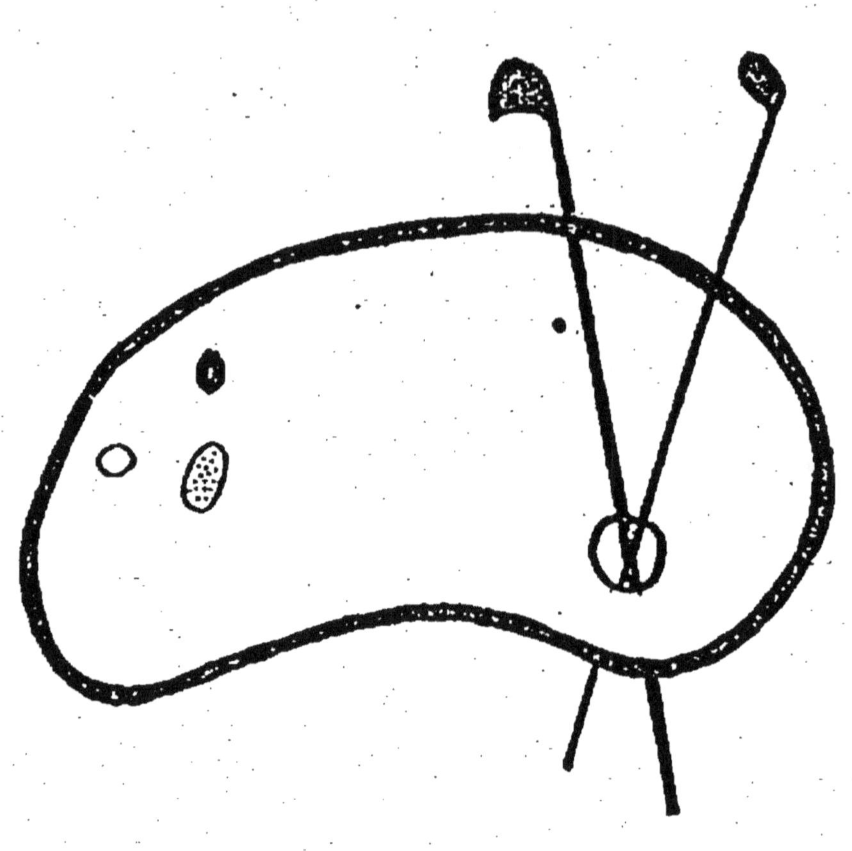

FIN D'UNE SERIE DE DOCUMENTS
EN COULEUR

La Formation

de

l'Opinion publique

Suivie d'une Note sur la formation des idées en général

PAR

R. CHASSÉRIAUD

Ancien élève de l'Ecole Polytechnique.

AVEC

Préface de Ad. DOUTRE

Lauréat de l'Académie des Sciences

PARIS

LIBRAIRIE DES SCIENCES POLITIQUES ET SOCIALES

MARCEL RIVIÈRE ET Cie

31, rue Jacob et 1, rue Saint-Benoît (6e Arrond.)

1914

PRÉFACE

Mon cher ami,

J'ai lu avec un vif intérêt les pages que vous me demandez de présenter à vos lecteurs.

Le problème que vous posez est en somme celui-ci : que valent les jugements du public?

Si je raisonnais à la façon des mathématiciens, je vous répondrais : le public est composé d'une immense majorité de médiocres. Les jugements d'une majorité de médiocres ne peuvent être que de médiocres jugements. — Vous m'avez répondu à l'avance par les magnifiques exemples que vous donnez du bon sens en quelque sorte historique de la foule. Le fait serait donc contre moi, et c'est la meilleure preuve que j'aurais moi-même fort mal jugé en prétendant raisonner.

J'aurais été fort irrévérencieux et, au surplus, ingrat envers la foule dont je suis issu. Ceux qui font remonter leurs ancêtres aux croisades sont bien modestes. Une des rares choses que je sache avec certitude est que les nôtres, pour inconnus qu'ils soient, sont antérieurs à l'histoire. Ils nous ont légué, en même temps que le langage, un ensemble de jugements tout faits, sans lesquels nous serions bien embarrassés de penser. Si nous accordons quelque confiance à notre propre jugement, il faut bien qu'au préalable nous fassions crédit au leur.

Voilà donc la foule réhabilitée. Mais de quelle faculté se sert-elle pour juger?

Le langage vous le dit. Elle juge avec son bon sens, qui est tellement répandu parmi les hommes que nous l'appelons le sens commun.

Remarquez la grande leçon que nous donne ici ce même langage. Il ne s'agit pas d'intelligence, ni de raison, encore moins de raisonnement. Nous usons couramment, pour juger, d'un *sens* spécial.

Le bon sens, comme l'intuition, est un de ces mots que nous comprenons sans définition, et que nous diminuons dès que nous prétendons les définir et, par conséquent, les limiter.

De même que la foule est douée de bon sens, elle est intuitive. Son bon sens est intuitif. Le langage fourmille de vérités intuitives. « Se faire du mauvais sang » est une expression populaire. Elle a devancé la science.

Dès lors que nous jugeons, nous prenons parti, nous choisissons.

La dure nécessité de choisir entre les risques de la vie s'est toujours imposée à l'homme, comme elle s'impose quotidiennement à chacun de nous. Ceux qui ont mal choisi ont été éliminés. C'est ainsi qu'au rude contact des choses s'est formée héréditairement en nous une aptitude spéciale à les sentir.

Contraints de choisir, nous acceptons le probable. Mais comme le doute comporte une souffrance, nous aspirons à la certitude.

Nous la trouvons dans un domaine que nous gouvernons arbitrairement : celui de la fiction. Par les mots nous avons créé des images, ce qui est une grande commodité.

Nous cherchons les rapports que ces images ont entre elles et, pour ce faire, nous commençons par les définir. Par là nous donnons des limites exactes à ce qui essentiellement n'en a pas. Ainsi, comme vous le dites fort bien, nous commettons une erreur.

Nous découvrons sans peine des rapports certains entre les images ainsi créées par nous. Sans doute il y a une grande probabilité que les rapports existant entre les images existent également entre les choses. Mais nous savons certainement que cela n'est pas certain.

Le goût qu'ont les mathématiciens pour la certitude les entraîne à croire que cela est certain. C'est là leur erreur fondamentale qui est proprement une erreur de jugement. Ils s'y reposent volontiers par cette autre certitude qu'ils ont que le doute est inférieur à la certitude. Ils se différencient des artistes, qui pensent que la souffrance génératrice d'efforts est ce qu'il y a de supérieur en nous. Les dieux de la foule sont les artistes.

Les mathématiques seraient donc une science stérile? Ce serait bien mal juger l'admirable instrument créé par le génie humain pour servir d'auxiliaire à notre pensée. Aussi bien n'en fournissez-vous pas vous-même un saisissant exemple dans le sens profond que vous découvrez au nombre π?

Bien des vérités ne seraient même pas soupçonnées sans les mathématiques.

Existe-t-il un cercle quelconque susceptible d'une commune mesure avec un carré donné? Le bon sens dit oui. Les mathématiques disent non, et avec certitude.

Qu'entre un carré quelconque et un cercle dont la surface soit le plus rapprochée possible de ce carré il existe une différence infiniment petite, non mesurable parce qu'elle n'est pas finie, qu'une chose que nous nous plaisions à considérer comme finie contienne quelque chose d'infini, c'est à la lettre effarant. Et cependant cela est vrai. Il nous est impossible d'en douter.

Ce n'est pas au surplus une propriété exceptionnelle spéciale au carré et au cercle. C'est très probablement une loi générale. Une limite est toujours une fiction. La réalité n'en a pas. L'infini n'est pas en dehors de nous. Il est en nous, autour de nous et dans les moindres objets qui nous entourent. Et les moindres de nos actes aussi ont une répercussion infinie : par quoi notre responsabilité serait sans limites si notre faiblesse en avait.

Vous m'avez demandé une préface. J'ai cru que la meilleure serait l'écho fidèle de votre pensée. Je souhaite que vous soyez lu par beaucoup. Vous le serez avec fruit. Et c'est précisément ce qui importe.

Affectueusement à vous,

AD. DOUTRE.

LA

FORMATION DE L'OPINION PUBLIQUE

——

INTRODUCTION

——

L'opinion publique obéit à une logique spéciale, dont le rôle est défini dans cette introduction, et la nature analysée dans le chapitre immédiatement suivant.

Cette logique est soumise aux influences extérieures : la presse, la publicité, les opinions émises, paradoxes ou sophismes, lui donnent matière à s'exercer : si elle est loin de se montrer impeccable dans ses manifestations quotidiennes, il est cependant juste de reconnaître que ses qualités parviennent presque toujours, avec l'aide du temps, à racheter ses défauts. C'est ce que j'expose ensuite.

Cette logique enfin, étant par définition celle de tout le monde, résulte des lois les plus générales qui président à la formation des idées. C'est l'objet d'une Note finale.

On s'occupe beaucoup aujourd'hui de l'opinion publique ; des penseurs éminents ont pris à tâche d'analyser ses ressorts et de chercher des lois dans le chaos de ses manifestations. Mais c'est surtout le *sentiment public* qu'ils ont étudié.

L'un des plus hauts esprits de notre époque, le Dr Gustave Lebon, a notamment, dans sa célèbre « Psychologie des foules », montré comment se forme la volonté d'une collectivité. Il n'y a rien à ajouter à son lumineux exposé ; on doit admettre avec lui que la foule a une sensibilité d'ordre inférieur, qu'on influence en criant très fort, en répétant surtout la même chose ; que la conviction se propage en elle par l'effet d'une véritable contagion ; enfin que ses volontés, ses adhésions, *lorsqu'un meneur les provoque*, n'ont rien de raisonnable. En un mot l'ouvrage du Dr G. Lebon est le parfait manuel du démagogue.

Mais il y a autre chose, dans l'opinion publique, que la sensibilité de la foule, il y a son *raisonnement*. C'est ce raisonnement, si infime que puisse être le rôle qu'on lui attribue, qui fait l'objet de mon étude.

Sous les vagues que soulève la passion du moment : boulangisme, affaire Dreyfus, etc., il y a une masse énorme d'idées, qui se sont formées spontanément, en dehors de toute influence, de

toute intention des meneurs, par une lente stra-
tification poursuivie à travers les siècles et qui
forment l'élément solide, durable, de l'opinion publique. Ce fond de l'âme collective est aussi stable
qu'est variable la surface où s'agitent le politicien,
le camelot, le lanceur d'affaires. Ceux-là doivent
nécessairement s'exercer à en fouetter les vagues,
tandis que c'est le fond, ce riche et formidable
fond de préjugés, de traditions, d'opinions ancrées,
dont résultent les mœurs et les coutumes, que le
Prophète, le Fondateur de religion, le Législateur,
savent émouvoir de leur grande voix.

Cependant, même dans ses couches profondes,
l'opinion publique ne reste pas absolument figée :
elle s'accroît, elle se meut.

Par exemple, un des plus grands événements de
notre époque, c'est le succès du cinématographe.

Or, l'adhésion du public au cinématographe
n'a été provoquée par l'influence de personne ;
elle a été purement spontanée. C'est l'opinion
publique livrée à elle-même qui a mis en délibé-
ration la question : cinématographe — et qui l'a
résolue dans un sens favorable.

On pourrait en dire autant de la renaissance
sportive en France : elle aussi est une résultante
spontanée du travail interne de l'opinion publique : la propagande, la publicité qui l'ont ac-
compagnée n'ont rien eu d'anormal ; or elle a
pris maintenant les proportions d'un fait considérable.

Et, il est bien certain qu'aucun démagogue n'aurait aujourd'hui la moindre chance de réussir s'il prétendait soulever la foule contre le cinématographe ou contre le sport.

Suivre de génération en génération l'évolution de ces grands mouvements, c'est la tâche de l'histoire, ou plutôt ce devrait être la tâche de l'histoire s'il existait des historiens. Mais, de ce qui a émules siècles passés, nous n'avons qu'un reflet dérisoire. Les alliances entre les familles royales, avec quelques noms de batailles, voilà ce qu'on a su ressusciter pour nous de l'immense effort d'adaptation dont est née la société où nous vivons. Nous ne pouvons donc songer à étudier les *racines* de l'opinion publique : elles sont enfouies dans le passé. Mais jamais heure ne fut plus favorable pour étudier sa croissance et son développement.

Ce qui vient en effet augmenter le patrimoine des idées communes, ce sont les faits nouveaux. Or, depuis un siècle, les faits nouveaux sont très nombreux. La naissance de la science, les conséquences immédiates qu'elle a eues sur la vie de chacun de nous par la production industrielle, tout cela a changé radicalement le régime de croissance de l'opinion publique.

L'homme moyen, l'« homme dans la rue », comme disent les Anglais, s'est trouvé et se trouve tous les jours mis brusquement en présence de faits nouveaux. Il n'a même pas la ressource de rester indifférent à leur égard, parce que ces faits le troublent aussitôt dans sa vie, dans son salaire, dans son foyer. Il faut qu'il les adopte ou les combatte. Il faut qu'il juge et qu'il choisisse.

L'éclairage au gaz est inventé : il faut décider si, oui ou non, on l'admettra à la place de l'éclairage à l'huile. On l'a admis. Des engins de pêche perfectionnés sont inventés : il faut encore les admettre ou les refuser. Les pêcheurs bretons les ont refusés.

L'aviation est inventée; chaque père de famille est obligé de se poser la question : vais-je l'encourager ou la décrier? Il s'agit en effet pour lui de savoir s'il aiguillera son fils vers la carrière d'aviateur ; s'il donnera son obole à la Souscription Nationale, etc., etc.

De même, chacune des unités pensantes dont se compose la foule qui assiège les guichets des cinémas a fait un raisonnement rudimentaire, où elle a mis en balance : l'ennui qui résulte du désœuvrement, le prix des places, la proximité du cinéma, l'attrait du spectacle, le confort de l'installation, etc., et elle a conclu : j'irai.

Or, un tel raisonnement est assurément très pauvre. Mais il prend une haute valeur du fait qu'il se répète identique dans des millions de têtes, et cette fois d'une manière spontanée, sans que ni contagion, ni crainte ou espoir factices, ne soient venus l'altérer.

Laissons ces exemples qui n'ont aucun droit à occuper une place spéciale dans cette étude. Rete-

nons-en seulement qu'une certaine activité céré-
brale est imposée aujourd'hui par la force des
choses à l'homme du commun. Ses ancêtres ne
l'ont guère connue ; lui-même s'en passerait fort
bien ; il n'aime pas à penser, mais la nécessité est
là : il faut qu'il pense.

C'est ici que commence à se dérouler le drame
qui m'intéresse. Les philosophes ont analysé le
fonctionnement de l'intelligence, mais ils son-
geaient toujours à l'intelligence... des gens intelli-
gents. Je considère au contraire ici l'intelligence
moyenne, c'est-à-dire médiocre. Comment fonc-
tionne ce pauvre instrument? Comment trans-
forme-t-il, livré à lui-même, à l'action de ses
propres ressorts, les matériaux fournis directement par les sens ou déjà élaborés par d'autres
esprits?

En d'autres termes, comment est-ce qu'un cerveau moyen engendre ses idées, les précise, les
modifie, en tire des conséquences? Quelle attitude
est-il porté naturellement à prendre en présence
d'un fait, d'une opinion, et spécialement d'un
paradoxe ou d'un sophisme ? Quelles sont ses
erreurs et leurs lois? Quelles sont ses vertus
cachées, souvent méconnues?

Tel est, sous l'aspect où il se présente ici, le
problème de l'opinion publique.

LA FORMATION DES OPINIONS COURANTES

Les points de vue.

———

Comprendre, c'est percevoir des analogies. Si nous savons tourner autour d'un fait nouveau jusqu'à ce qu'il nous apparaisse sous un aspect tel qu'il ressemble à un autre fait, auquel nous sommes déjà habitués, nous le comprenons.

Dès lors, l'intelligence n'est autre chose que l'aptitude à changer de point de vue ; c'est cette aptitude que l'on nomme aussi : l'objectivité de l'esprit.

L'esprit du sauvage, de l'enfant, l'esprit inculte et primitif, est prisonnier des sens et immobilisé par eux dans un point de vue unique. Que des choses puissent exister, être importantes pour le ciel et la terre, pour les astres ou pour les cailloux du chemin, le sauvage ne peut le concevoir, à moins que ces choses ne se trouvent en même temps être importantes pour lui-même.

Que l'obscurité se fasse périodiquement sur la terre, c'est une chose très importante, et le sauvage s'attachera à comprendre, à cultiver, à honorer les ombres, et le feu qui combat les ombres. Mais que cette obscurité soit due à la gravitation universelle, c'est une chose qu'il ne peut

comprendre, car lui-même ne ressent pas la gravitation universelle comme un corps céleste, et
est incapable de se placer *au point de vue du soleil* pour l'apprécier.

Telle est l'infirmité commune des esprits
moyens, c'est-à-dire de ceux qui engendrent les
opinions moyennes et courantes que nous considérons ici : ils sont prisonniers du point de vue
initial que leur imposent leurs sens ou leurs instincts.

Un homme simple qui a faim dira : « J'ai faim ;
je n'ai pas d'argent ; un morceau de pain, s'il
vous plaît. » Il arrivera que celui auquel il
adresse ce discours, se plaçant à son tour à son
propre point de vue, lui répondra : « J'ai de l'argent, mais je n'ai aucun intérêt à vous le donner.
Bonsoir. »

Si au contraire l'homme qui a faim possède un
cerveau exercé, il va frapper à la porte d'un
riche, et lui dit : « Vous êtes riche, mais vous
voudriez bien l'être davantage. J'ai un bon tuyau
à la Bourse ; je suis prêt à vous le vendre dix
mille francs : n'hésitez pas, il vous rapportera des
millions : vous serez alors l'égal de Untel que
vous enviez. Vous serez président de votre cercle, etc. » Et cela prend, en somme, plus d'une
fois sur deux.

Quelle est l'unique différence entre ces deux
procédés d'efficacités si inégales ? Elle réside évidemment dans ce fait que le quémandeur a ou n'a
pas su quitter son propre point de vue pour adop-
ter celui de l'individu dont il veut obtenir quelque chose. Le quémandeur astucieux du second

exemple a réussi à mettre son bienfaiteur en conflit avec lui-même; il s'est fait un allié non pas de son adversaire, mais de la moitié de son adversaire : à savoir celle qui représente le goût du lucre, la vanité, etc. ; l'adversaire divisé est presque désarmé.

Cet exemple grossier marque bien la distinction qui place les cerveaux aux différents degrés de l'échelle intellectuelle.

Ainsi l'esprit est comparable à un voyageur dont la vue est plus ou moins bonne, mais surtout dont les jambes sont plus ou moins alertes ; s'il peut se déplacer aisément, le paysage lui apparaîtra sous tous ses aspects, les illusions d'optique s'évanouiront, le vrai relief du sol se manifestera. Immobilisé, au contraire, dans un seul point de vue, il se fera, de la répartition des plans, de l'importance relative des choses, une idée inexacte.

Les esprits supérieurs sont plus mobiles, plus aptes à changer de point de vue, en un mot plus *libres* que les esprits moyens.

« Le génie, a dit Schopenhauer, est l'objectivité de l'esprit. »

Ce qui fait la grandeur de Shakespeare, de Balzac, de Molière, etc., c'est la manière absolue, instantanée, dont ils adoptent successivement les points de vue différents qui sont ceux de leurs personnages.

Rien n'est plus général que cette marque des grands esprits. On peut aisément prendre des exemples dans des domaines quelconques.

Rembrandt est chargé de réunir sur une toile les portraits des membres d'une compagnie d'arquebusiers. Tous les peintres, grands et petits, qui avaient eu à traiter le même problème, s'étaient placés à leur point de vue de peintre et avaient groupé, juxtaposé des effigies aussi exactes et expressives que possible : et plusieurs avaient fait des chefs-d'œuvre. Mais Rembrandt s'est placé au point de vue de la lumière, et au drame humain que ses devanciers auraient fait, il a superposé le drame de la lumière. Pour la lumière, il y a une chose très importante dans ce tableau : c'est la collerette blanche du capitaine Cocq. Puis ensuite le pourpoint jaune de son lieutenant. Puis enfin au hasard elle éclaire des visages. Et c'est la *Ronde de nuit*.

Mais ce n'est pas des esprits supérieurs que nous nous occupons ici ; il n'en a été question que pour mettre en évidence, par une opposition, le caractère essentiel des intelligences moyennes.

Les esprits moyens sont esclaves de leur point de vue, et incapables d'en sortir.

Ce point de vue est d'ailleurs assez aisé à connaître, puisqu'il leur est imposé par leurs aspirations les plus immédiates.

On peut donc dire que *les opinions courantes se forment par l'interprétation*, FAITE D'UN POINT DE VUE UNIQUE, *des objets proposés à l'esprit par le hasard ou par la volonté d'autrui*.

Nous allons chercher successivement comment la lecture d'un article de journal, la vue d'une affiche sur un mur, l'audition d'une opinion étrangère, influencent, et façonnent les opinions de « l'homme dans la rue ».

Un exposé plus abstrait analysera ensuite le mécanisme de la formation spontanée des idées telle qu'elle a lieu sous des influences infimes ou insaisissables à l'analyse.

L'opinion publique et la presse.

« La presse fait l'opinion publique. »

Voyons ce qu'il y a de vrai dans cette assertion qu'on entend sans cesse proférer.

Quand on parle de la puissance de la presse, on devrait distinguer, et l'on ne distingue pas.

Il existe d'abord, pour le public, deux sortes de questions : celles où il s'estime compétent et celles où il s'estime incompétent; celles où le *point de vue* du public existe, et celles où il n'existe pas.

La presse est toute puissante dans les dernières; elle est, pour les premières, sauf la restriction qu'on va voir, comme si elle n'existait pas.

De ce que cette distinction n'est pas ordinairement faite, il résulte que le public se fait une idée fausse de l'influence des journaux, et que la presse elle-même s'illusionne et se trompe avec une touchante obstination sur ce qu'elle est capable d'obtenir. Mais ces deux illusions réunies, celle du public, et celle de la presse, engendrent, par leur conjonction, un troisième état d'esprit, purement artificiel, qui arrive parfois à produire les mêmes effets qu'une force naturelle : et ce drame, où tout le monde est dupe de soi-même et des autres, est bien la chose la plus cocasse qu'on puisse imaginer.

Donc, au total trois cas :

Ou le public a une conviction, et la presse perd son temps et son crédit à la lui faire changer : or c'est là une erreur où elle tombe constamment.

Ou le public n'a pas de conviction, et la presse lui fait croire à lui-même qu'il en a une : la presse, encore ici, perd son temps et ne va pas directement à son but.

Ou enfin le public n'a pas de conviction, mais la presse réussit à faire croire aux pouvoirs publics qu'il en a une : ici s'exerce sa puissance.

Prenons des exemples.

L'aviation est chose technique. N'ont donc qualité, pour émettre des jugements à son endroit, que les hommes préparés par des études spéciales. Cette vérité, l'opinion publique la sent fort bien, et, l'ayant sentie, elle défère son jugement à ceux qui sont dignes de prononcer ou qu'elle croit tels : c'est dire que les journaux jouiront de toute leur influence, qu'ils pourront impunément raconter au public les pires balivernes — et en l'espèce ils ne s'en sont point fait faute.

L'action d'un journal peut, par exemple, persuader au public que telle marque d'aéroplane est supérieure à telle autre.

Mais si l'aviation est chose spéciale, l'aviateur est un homme, qui relève directement du jugement des autres hommes en ce qui concerne le courage, l'adresse, l'audace. Ici le public s'estime souverain juge, et toute la presse ameutée ne réussirait jamais à lui faire croire que Garros ou Pégoud ne sont pas des braves.

Un exemple très frappant est fourni par la critique théâtrale.

S'il est un domaine où le public s'estime compétent, c'est bien le domaine théâtral, — et il a mille fois raison puisque sa juridiction est, pour l'art dramatique, la juridiction suprême. Il fait donc en toute indépendance le succès ou l'échec des pièces qu'on lui présente. Néanmoins les journaux prennent grand soin de lui dire, par des voix éminentes ou distinguées, ce qu'il doit penser dans chaque cas, ce qu'il faut applaudir et ce qu'il faut siffler. Il serait bien curieux de dresser un tableau comparatif de l'accueil qui est fait aux pièces représentées dans le cours de dix années, par exemple, respectivement par la critique ou le public. On verrait qu'il n'y a entre les deux ordres d'opinion, aucun rapport ni aucune commune mesure : ce sont choses absolument indépendantes, et le fait pour une comédie d'être éreintée dès son berceau par la critique tout entière ne l'a jamais empêchée d'être portée à la centième par l'acclamation publique — et inversement.

La critique théâtrale est donc comme si elle n'existait pas.

Il en serait de même de la critique sportive, si l'on s'avisait d'en constituer une : quel est le journal qui pourrait aujourd'hui soulever le public français contre Georges Carpentier ?

Seulement, de tout cela la presse elle-même n'a pas l'air de se douter. Et alors se produit la

conséquence si comique dont je parlais au début:
à force d'être convaincue de sa puissance, elle
finit par en avoir une, faite uniquement d'un
prestige sous lequel il n'y a rien.

Cette puissance, elle l'exerce en suggestionnant
les pouvoirs publics responsables et non le public
lui-même.

On le voit bien dans les attaques contre les
personnes.

Si en effet la presse, comme nous venons
de le voir, ne peut rien contre tout ce que le
public apprécie directement par lui-même, elle
ne peut pas davantage contre les gens en place.
Un fonctionnaire, dont l'avancement dépend de
chefs responsables, et est régi par un statut bien
défini, *devrait* ne rien craindre de la presse. En
fait, il est des fonctionnaires avisés qui se mo-
quent d'elle, et rien n'égale le détachement qu'é-
prouvent réellement à son égard certains mi-
litaires par exemple : ils verraient chaque matin
les premières pages de tous les journaux déborder
d'injures à leur égard qu'ils n'en auraient pas le
moindre émoi : c'est justice, puisque leur avancement dépend uniquement de leurs supérieurs
et nullement des journalistes ni même des millions de personnes auxquelles ces journalistes
auraient pu insuffler leur conviction.

Mais alors se passe ce phénomène curieux
que, de cette force qui n'existe pas, tout le
monde prend peur.

L'opinion publique tout entière étant notoire-
ment impuissante à obtenir la signature qu'on
réclame en son nom, il arrivera que le ministre

responsable, par exemple, bien que couvert par toutes les lois, inattaquable moralement et matériellement, donnera quand même cette signature, en croyant de bonne foi agir « sous la pression de l'opinion publique ». Cette formule prend un aspect hautement comique quand on songe combien chacun de nous est limité, dans le champ de ses convictions, à l'appréciation de choses petites, immédiates, d'un intérêt direct — et combien vague est son sentiment sur tout le reste.

Ainsi dans une foule de cas, la presse n'est qu'un fantôme. Il est vrai qu'un fantôme *dont on a peur* vaut un corps d'armée.

Au total, la presse s'agite beaucoup pour un résultat relativement médiocre ; bien des grandes choses se font en dehors d'elle ; bref, elle n'a pas encore trouvé sa formule, son régime de meilleur rendement, et les erreurs qu'elle commet sans cesse non pas tant sur sa puissance, que sur la manière dont s'exerce cette puissance, lui font dépenser en pure perte beaucoup d'encre et de peine. Il serait aussi important pour elle d'interroger l'opinion publique pour la suivre là où elle existe, que pour la créer ou la figurer là où elle n'existe pas.

La presse un jour saura exploiter scientifiquement l'opinion publique. Mais ce jour n'est pas encore venu.

L'opinion publique et la publicité.

———

Pour voir comment la publicité bien faite agit sur l'opinion publique, commençons par voir comment échoue la publicité mal faite.

Les erreurs de points de vue sont, dans ce domaine comme dans les autres, les causes de tous les échecs.

Le commerçant, l'industriel, fait de la publicité pour gagner de l'argent. Si donc il était radicalement idiot, et incapable de sortir de son point de vue primitif, il rédigerait toutes ses annonces sous la forme suivante :

DONNEZ-MOI DE L'ARGENT

Adresser les mandats ou chèques à Dupont, rue Durand, etc.

Ces lignes forment le fond commun de toutes les annonces qu'on peut lire, leur traduction la plus générale; mais je dois à la vérité de dire que je ne les ai encore jamais vues textuellement imprimées.

C'est donc que le cerveau des moindres négociants a su se hausser jusqu'à la compréhension d'un point de vue moins subjectif. Pour gagner de l'argent, il faut vendre, et pour vendre, il faut que d'autres achètent : le problème est donc de décider les autres à acheter.

Voilà un grand pas de fait. Aussi beaucoup de commerçants s'arrêtent-ils là en s'épongeant le front, et alors nous voyons paraître des annonces ainsi conçues :

« *Achetez à moi plutôt qu'au voisin, car je suis organisé de manière à pouvoir me contenter d'un bénéfice très modeste. Ainsi j'ai réduit mes frais généraux par telle ou telle mesure administrative, etc...* »

En d'autres termes, après avoir abandonné un instant son point de vue, l'auteur y est retombé aussitôt, et l'expose en détail au client qui n'en a que faire, et qui comparera toujours le prix du produit proposé non pas aux frais généraux du marchand, mais à l'état de sa propre bourse.

Ou bien encore un industriel, chilien, par exemple, dira :

Faites prospérer l'industrie chilienne. Donnez de l'argent à X..., Chilien, plutôt qu'à X..., Péruvien.

Sous-entendu : même si Y vous donne mieux et meilleur marché, ce qui est un terrible manque de psychologie.

Le commerçant avisé s'affranchit au contraire de son propre point de vue et adopte délibérément celui du client. Ce simple déplacement mental lui fait apercevoir avec évidence que l'acheteur se décidera pour celui qui paraîtra lui offrir la plus grande quantité de marchandise pour un même prix, — à l'exclusion de toute autre considération. — Et s'il s'agit d'un produit de très grande consommation, le problème qui se pose au vendeur est de convaincre des gens qui raisonnent mal (puisque c'est la majorité) : ceux-là à leur tour seront donc prisonniers de leur point de vue d'acheteurs, et le vendeur peut être assuré qu'ils ne sauront pas faire la critique de l'offre qui leur sera présentée *en se plaçant au point de vue du vendeur*. C'est-à-dire, par exemple, qu'ils ne rechercheront pas si le vendeur peut effectivement, avec quelque vraisemblance, livrer la qualité qu'il indique aux conditions qu'il indique : en un mot ils ne discuteront pas la sincérité de l'annonce.

Dès lors, la solution s'impose : il faut carrément leur promettre la lune.

Ayant donné cette réponse facile au problème, maintenant bien posé, de la publicité, le commerçant se garde bien de fournir au public les moindres indications sur la façon dont il s'arrange, lui, commerçant, pour livrer sa production, et sur la règle qu'il adopte pour le calcul de ses bénéfices. Il rédige bravement cette annonce dont le type nous est bien connu :

> *Vous trouverez chez X un complet veston*
> *solide, élégant,*
> *pour* **10 fr. 50.**

> *Une montre en or est donnée en prime à tout acheteur.*

On voit, dans cette forme de publicité, apparaître presque nécessairement la prime. Beau-

coup de négociants l'emploient aujourd'hui pour
appâter le public : c'est donc que cela réussit.
Or je me garderais de dire du mal des primes en
général. Je suis fermement convaincu de l'excellence de tous les produits qui se vendent avec
prime, et, pour ma part, je n'en emploie pas
d'autres. Mais, ceci dit, ne faut-il pas reconnaître
que l'annonce d'une prime devrait mettre le public en défiance, au lieu de l'allécher, s'il jugeait
ces choses d'un point de vue autre que le sien?

Les principes appliqués par le négociant adroit
sont aussi ceux du bon lanceur d'affaires.

Les affaires raisonnables se présentent assez
souvent sous un jour assez terne : une mise de
fonds modérée, qui donnera un revenu également
modeste, avec un risque moyen, qu'il s'agit d'apprécier : cela n'a rien pour emballer la foule, et
cela lui coûte de la réflexion.

Si, au contraire, je demande vingt sous à mes
souscripteurs en leur affirmant ma conviction de
voir ces vingt sous produire vingt francs dans
un délai foudroyant, combien la faiblesse du
risque, l'énormité relative du gain ne m'amène-
ront-ils pas d'actionnaires! S'ils étaient capables
de se placer un instant à mon point de vue,
l'absurdité de l'affaire leur apparaîtrait claire-
ment, en même temps que mon intérêt à les
tromper. Mais puisqu'ils en sont incapables, ils
raisonnent *fort logiquement*, à leur point de vue
en se disant : « Dans toute affaire il y a un risque;
j'ai *a priori* une chance de voir fructifier mon
argent contre une chance de le perdre. Il est
donc raisonnable de le risquer ici, puisque le

gain serait très fort et la perte très faible. »

Rien n'est plus juste. C'est ce que les mathématiciens exprimeraient en disant que l'*espérance mathématique* du souscripteur est très grande, et l'on sait que dans ce cas il est raisonnable de risquer.

L'opinion publique et les paradoxes.

L'une des choses qui mettent le plus le public
en défiance, c'est le paradoxe.

Plusieurs des propositions énoncées plus haut
ont l'allure de paradoxes. Ce n'est pas cela qui les
empêche d'être vraies.

Beaucoup de paradoxes sont vrais, et c'est là
une chose assez singulière pour qu'on tente de
l'éclaircir. Prenons des exemples, et d'abord,
pour plus de clarté, parmi les paradoxes scienti-
fiques :

1° Paradoxe aérostatique.

*Un ballon s'élève d'autant plus facilement
qu'il est plus lourd.*

C'est-à-dire : le jet d'une même quantité de
lest fera monter plus haut un ballon gonflé de
gaz d'éclairage — relativement lourd — qu'un
ballon gonflé d'hydrogène, gaz très léger.

L'explication est qu'à mesure qu'un ballon
s'élève, une partie de son gaz s'échappe, et l'allè-
gement qui en résulte est d'autant plus important que ce gaz était plus lourd.

Le paradoxe paraissait donc... paradoxal lorsqu'on songeait au gaz qui reste. Il devient tout

naturel si l'on songe au gaz qui s'en va. Le paradoxe est donc ici une vérité qui apparaît lorsqu'on
change de point de vue.

2° Paradoxe hydrostatique.

On prend deux verres, l'un droit, l'autre évasé,
mais dont les fonds ont la même surface, et on
les remplit d'eau jusqu'à la même hauteur. On
démontre que dans ces conditions l'eau presse de
la même façon sur le fond des deux verres.

Cependant si on les porte sur une balance,
celle-ci penchera du côté du verre évasé.

L'explication vient simplement de ce qu'on
oublie que la paroi évasée subit elle-même des
pressions dirigées de haut en bas, qu'elle transmet
directement au plateau de la balance, tandis qu'il
n'en est pas de même pour les parois du verre
droit. Immobilisé dans la contemplation du fond
seul, l'esprit trouve la proposition paradoxale. Il
se l'explique sans peine en songeant à l'action
des parois.

Encore un élargissement, ou ce qui revient au
même, un déplacement de point de vue.

Passons maintenant à un paradoxe non plus
scientifique, mais d'ordre sentimental.

Dans l'exemple qu'on va lire, le paradoxe est
conçu et mis en pratique par un esprit supérieur, au grand scandale d'un esprit simple.

M. de Freycinet raconte dans ses Souvenirs
comment Lamartine, sommé par une délégation

de la foule (qui hurlait sur la place de l'Hôtel-
de-Ville) de saluer le drapeau rouge, déploya des
prodiges d'éloquence pour persuader le chef de
la délégation et lui faire abandonner cette exi-
gence. En vain. Alors Lamartine dit à cet homme :
« *Eh bien, allons consulter le peuple lui-même!* »
et il sortit et harangua la foule ; celle-ci ne se fit
d'ailleurs guère prier pour honnir avec lui le
drapeau rouge qu'elle était venue faire consacrer.

La conduite de Lamartine en cette occasion fut
éminemment paradoxale. C'était pourtant la
seule sensée, mais il fallait une liberté d'esprit
admirable pour y recourir. Adoptant le point de
vue de son interlocuteur, mandataire de la foule,
Lamartine le désarma en faisant lui-même appel à
la foule. La partie était dès lors à moitié gagnée ;
mais le délégué de la foule a dû mourir avant
d'y avoir rien compris.

Il n'y a rien d'autre dans la plupart des paradoxes. Ce sont bien, dans un grand nombre de
cas, des vérités qui apparaissent lorsqu'on change
de point de vue.

D'après ce que nous savons de l'aptitude du
peuple à cet égard, nous pourrons aisément con-
clure qu'il n'aime pas les paradoxes, ne les com-
prend pas et s'en irrite.

L'opinion publique et les sophismes.

Par contre le sophisme capte aisément sa confiance. Le sophisme est en effet un raisonnement construit aussi exactement que possible sur le modèle des raisonnements populaires, c'est-à-dire en adoptant l'un des points de vue auxquels aime à se placer le peuple. Seulement dans ce raisonnement on a frelaté les prémisses ou les conclusions en y glissant une erreur ou un mensonge. Ce mensonge, étant présenté sous la forme ordinaire des vérités, s'avale comme une pilule.

L'esprit médiocre est comparable à un homme un peu myope et très empoté, qui regarde tout de sa fenêtre. On lui dit : « Vous croyez le soleil couché, mais si vous montiez sur votre toit vous le verriez encore » : paradoxe, car il ne quittera pas sa fenêtre.

Ou bien : « Vous voyez bien que le soleil est tombé dans la mer » : sophisme, qu'il croira.

Le paradoxe n'est pas nécessairement une vérité, mais même quand il en est une, il affecte une allure de défi qui sollicite énergiquement la réflexion de l'auditeur : c'en est assez pour l'indisposer s'il n'est pas enclin à réfléchir, ce qui est un cas assez fréquent.

Le sophisme, au contraire, demande un effort quasi nul pour être admis, un effort notable pour être rejeté : il a donc toutes les chances d'être accepté.

L'opinion publique et la justice.

Si la plupart des gens ne comprennent rien aux lois et sont déroutés, affolés, par ce qu'on appelle les « chinoiseries du Code », c'est précisément parce que le Code est la raison écrite : ses dispositions sont les réponses à des prétentions élevées par mille personnages fictifs qui se placent chacun à leur point de vue : le créancier réclame son dû, mais le mineur réclame protection, mais l'État fait valoir la primauté de ses intérêts, etc., et ce sont tous ces points de vue divers qu'il s'agissait de concilier. C'est dire que toutes les conclusions auxquelles est arrivé le législateur sont des paradoxes aux yeux de chacun de ceux qu'il a voulu protéger. Et plus le Code sera parfait, c'est-à-dire objectif, plus il leur paraîtra obscur et arbitraire.

Telle est la raison de la défiance du peuple vis-à-vis de la justice écrite. C'est la même raison qui fixe d'une manière générale son criterium d'appréciation et qui explique son attitude vis-à-vis de tous les faits sociaux qui lui sont présentés comme l'expression d'une justice idéale. Cette justice idéale est rarement la sienne, et il a vite fait de crier au passe-droit et à l'injustice.

Supposons qu'il s'agisse d'un concours.

Nous verrons plus loin (formation des idées, p. 67) que toute définition est nécessairement injuste. Tout concours l'est donc, du moins pour le premier exclu, puisqu'un concours n'est autre chose que la définition d'une aptitude d'après certaines conditions (fixées par les épreuves et les examens).

Ceci éclaire l'une des erreurs le plus communément commises par l'opinion publique. Un candidat blackboulé, et qui s'estime plus apte que tel autre plus heureux, crie à l'iniquité. Il crie parce qu'il se place à son point de vue, *en quoi il se trompe*. Un concours ayant pour but d'investir des hommes de certaines fonctions publiques, c'est au point de vue de l'État qu'il faut se placer.

Et alors la scène change :

Il apparaît injuste d'exiger de l'État qu'il nomme toujours le plus digne : c'est trop difficile et c'est inutile; le choix d'un fonctionnaire *bon*, même à l'exclusion d'un concurrent qui serait encore un peu meilleur, n'est injuste *que pour l'individu lésé* : l'État n'a pas failli vis-à-vis de lui-même, c'est-à-dire du public. Tout ce que l'on peut demander c'est donc que l'accession aux fonctions publiques soit entourée de garanties telles que l'on puisse être assuré que l'élu n'en est pas indigne : c'est tout et c'est énorme.

Dans plusieurs concours, la sélection est effectivement telle que si certainement beaucoup échouent qui méritaient de réussir, à peu près aucun de ceux qui réussissent ne méritait d'échouer. C'est la formule de la *sélection volontaire-*

ment excessive : elle lèse l'individu mais non l'État.
Dès lors elle est juste.

Dans les rapports d'homme à homme, même
erreur sur l'appréciation des qualités et des
défauts que sur celle des passe-droits et des injustices.

C'est ainsi que la modestie passe pour une
vertu, parce qu'il est plus agréable d'avoir
affaire à un individu modeste qu'à un fanfaron.
Et pourtant, socialement, elle est un défaut ; la
société a un intérêt évident à ce que les gens de
valeur ne soient pas trop modestes, et ne lais-
sent pas le champ libre aux non-valeurs qui s'es-
timent dignes de toutes les places.

Même erreur enfin sur l'appréciation des actes
d'autrui.

L'une des sottises les plus fréquemment commises en toute bonne foi consiste à décrire la
façon dont on agirait *si l'on était à la place* de
tel personnage en vue : le président de la République, le directeur d'un journal ou d'un
théâtre, Blériot, Edmond Rostand, Sarah Bern-
hardt, etc...

« Si j'étais le président de la République, je
ferais ceci », etc...

C'est méconnaître combien les questions chan-
gent d'aspect lorsqu'il s'agit de prendre à leur
égard une résolution effective et immédiate : en
un mot c'est confondre une volonté avec une
velléité (imagination d'une volonté), et il n'est
pas de confusion plus grave.

Il est aussi difficile de juger correctement une décision qu'on n'a pas à prendre soi-même, que d'imaginer comment va se déformer le paysage qu'on regarde après qu'on aura fait quelques pas. Le plus souvent tout est changé : ce qui était à gauche passe à droite, ce qu'on voyait le plus est masqué, ce qu'on ne voyait pas saute aux yeux.

Quant à l'idéal même de justice, au nom duquel l'opinion publique rend ses arrêts, il est on ne peut plus vague. Nous sommes incapables de juger autrement que par rapport à nous-mêmes : notre justice est essentiellement subjective, et c'est assez dire qu'elle est inintelligente.

La justice absolue réside probablement en ceci qu'il est impossible d'isoler un fait, une action, de ses conséquences ; qu'en accomplissant donc un acte dans un but subjectif bien déterminé, nous déchaînons *inévitablement* toutes les conséquences de cet acte, qui vont se dérouler, elles, dans la réalité objective, et que souvent nous n'avons pas prévues le moins du monde.

Les chinoiseries du code, les surprises que réserve aux parlementaires l'incidence réelle des lois qu'ils fabriquent si allègrement, les chocs en retour de toute espèce que ressentent ceux qui manœuvrent la machine sociale, etc. : autant d'effets de cette justice absolue. Incapables de la comprendre, nous avons tort de vouloir lui substituer la nôtre : mais c'est un tort tout théorique, et nos récriminations sont en somme bien naturelles.

LA VALEUR DE L'OPINION PUBLIQUE

Tout ceci dit sur les communes erreurs de jugement, les incalculables conséquences d'une petite défaillance du sens critique, et les mille embûches tendues à l'opération intellectuelle la plus simple, il reste à tirer la conclusion. Celle-ci est en pleine opposition avec tout ce qui l'a préparée jusqu'ici. Je la formulerai ainsi :

L'opinion publique est, en somme, fort sage.

C'est que nous n'avons rien encore dit des qualités de l'opinion publique.

Celles-ci sont telles qu'elles compensent et au delà les inconvénients résultant de son infirmité essentielle : l'inaptitude à changer de point de vue. Mais il faut voir comment se fait cette compensation.

Les qualités de l'opinion publique.

L'opinion publique possède à coup sûr une qualité et qui est bien loin d'être négligeable : elle est absolument sincère, elle dit exactement ce qu'elle pense.

Cela n'a rien qui doive surprendre, puisque le travail d'élaboration d'où sortent les idées communes est poursuivi dans un grand nombre de cerveaux : il serait inconcevable que tant d'hommes aient imaginé précisément la même façon de mentir.

Mais il y a plus : l'expression de toute opinion isolée que se forme un esprit médiocre est nécessairement sincère, car, si mentir est facile, mentir avec suite et cohérence est difficile.

Une autre qualité très considérable de l'opinion publique, c'est le sentiment fort délicat qu'elle a des limites de sa compétence : ceci a été développé plus haut à propos de l'influence de la presse (p. 20).

Enfin et surtout, l'opinion publique a une disposition naturelle excellente qui lui donne l'avantage sur les raffinés et qui, au milieu de ses injustices et de ses défaillances, jaillit comme une source inépuisable de santé morale : c'est son goût pour l'effort, quel qu'il soit, et son incompréhension de tout ce qui ressemble à l'ironie et à la moquerie.

M. Marius Latour vient de donner, dans sa *Théorie générale des émotions* (1), l'explication du rire, qui était jusqu'alors l'une des plus grandes énigmes psychologiques. Il a montré que le comique a pour origine le mépris de l'effort.

Or, « l'homme dans la rue » n'a aucun mépris pour l'effort. Il en a au contraire l'estime et l'admiration.

Cette disposition lui donne un avantage marqué sur les raffinés, même dans le domaine artistique : il n'a jamais le goût de l'inachevé, de l'à peu près.

Et, dans son idéal de justice, il donne une prime à l'effort, ce qui est très moral.

Et puis, il y a dans l'opinion publique quelque chose de plus que tout cela : le germe de tout ce qui doit la dépasser, la dominer, souvent la mépriser : plus de finesse, en somme, qu'on ne croit généralement.

(1) MARIUS LATOUR. *Premiers principes d'une théorie générale des émotions.* Félix Alcan, éditeur, Paris.

Les langues.

On juge l'arbre d'après les fruits qu'il porte.
Or, au premier rang des productions de l'opinion
publique, nous voyons le langage. Quel individu
pourrait se glorifier d'une œuvre égale à ces œuvres collectives que sont les langues ? Et ce n'est
rien que d'en louer la richesse, la sève ; il y a
encore leur beauté, leur plastique et surtout, au
point de vue qui nous occupe ici, *leur aptitude à
exprimer ce que l'on reproche au vulgaire de ne
pas apercevoir*.

Il faut s'entendre : je ne dis pas que le langage
ait été expressément voulu, prémédité, fabriqué
par la foule : mais seulement qu'elle l'a accepté.
Incapable d'initiative par elle-même, elle n'a eu
qu'à trier les propositions qui étaient faites par
des esprits plus libres, plus originaux, que
l'esprit moyen. Mais avec quelle sûreté ce triage
a-t-il été fait ! Quelle perfection profonde et raffi-
née dans le résultat obtenu, quelle logique,
quelle constance dans les moyens qui ont permis
de l'obtenir !

Peut-être sommes-nous arrivés aujourd'hui à
une époque où le torrent des idées nouvelles
envahissant, un peu au hasard, le vieux fonds
linguistique, va, par une assimilation trop hâtive,

l'enlaidir et le déformer. Raison de plus pour saluer le chef-d'œuvre que des siècles d'inconscience et de naïveté nous ont légué, et que l'intelligence, l'érudition, la pleine conscience scientifique dont s'enorgueilliront les générations prochaines ne sauront pas conserver dans sa beauté première.

La sagesse des nations.

Si les déclinaisons et les conjugaisons, les tours de phrases, l'équilibre des termes, le jeu des articles, prépositions, et des accessoires du langage, appartiennent au patrimoine de l'opinion publique, c'est elle encore qui a su les mettre en œuvre dans ces locutions, proverbes, dictons, clichés, lieux communs, dont l'ensemble s'appelle la sagesse des nations.

Les proverbes et dictons sont en somme généralement vrais, ce qui est bien remarquable.

On leur reproche d'être parfois contradictoires. N'est-il pas plus juste de voir dans ces oppositions l'expression de points de vue différents?

« Tel père, tel fils » : et c'est vrai.

« A père avare, fils prodigue. » C'est vrai aussi, et l'un comme l'autre méritaient de passer en proverbes.

La grande régulatrice de l'opinion publique :
la nécessité.

Et il y a plus encore : si l'opinion publique est
peu apte à reconnaître à son premier aspect
une vérité nouvelle, elle n'a jamais sanctionné
sans rémission aucune erreur essentielle.

Dans l'accueil que fait un esprit médiocre à
une vérité qu'il se sent incapable de comprendre,
il y a de l'aversion, de la crainte, de la défiance,
mais beaucoup de respect. C'est seulement quand
il croit comprendre que l'homme du commun
éclate de rire au nez de l'homme de génie.

Comme les conséquences d'une erreur généralement et définitivement admise seraient incalculables, on conçoit qu'il y ait pour l'opinion publique une véritable nécessité à ne pas se tromper, au moins sur certains sujets et dans certaines
limites. Avec ces restrictions, on serait tenté de
dire que c'est peu. C'est beaucoup, au contraire,
lorsqu'on songe que presque aucun des grands
esprits, de ceux qui ont dominé l'esprit public
comme une montagne domine la plaine, n'a été
exempt d'erreur. De sorte que ce serait pour une
société un malheur qui la conduirait rapidement
à sa ruine, si elle devait penser par le cerveau
d'un de ses grands hommes, à la condition d'être
entraînée dans les mêmes erreurs que lui.

C'est lorsqu'on envisage les choses sous cet aspect qu'apparaît toute la grandeur de l'opinion publique. Débile, incertaine, souvent criminelle, elle a pour complice le temps, pour nourriture le sang et la pensée des grands hommes, pour cortège les malédictions de tous les justes qu'elle a foulés aux pieds.

Mais elle seule existe. Le plus haut espoir que puisse concevoir le plus ambitieux des hommes est d'infuser en elle une goutte de sa propre pensée, de sa pensée qu'il a lui-même tout entière héritée de l'opinion publique des âges précédents, et qu'il n'a pu exprimer qu'avec le langage de la foule.

Et c'est ainsi que les grands conducteurs d'hommes, qui sembleraient les plus grands contempteurs de l'opinion publique, sont en réalité ses plus fervents adorateurs. Napoléon méprisait la foule : elle ne fut à ses yeux que chair à canon. Pourtant si jamais homme eut un respect profond, religieux pour l'opinion publique, considérée comme le tabernacle des traditions, ce fut Napoléon. Son but unique fut d'être grand devant elle.

Le progrès de l'opinion publique.

———

Le fait que l'opinion publique puisse progres-
ser est nié par d'excellents esprits. Pour eux, le
raisonnement ne tient aucune place dans sa formation, et, par suite, c'est toujours sur le même
fonds éternel d'instincts et d'appétits qu'elle vit.
Je demande seulement qu'on m'accorde qu'il
entre dans l'évolution de l'opinion publique une
part, si infime soit-elle, de raisonnement. Car
pour le reste, je suis bien d'accord que ce n'est
pas l'intelligence, mais, comme l'a dit Napoléon,
l'imagination qui gouverne le monde.

Mais c'est cette partie infime qui m'intéresse
et que j'ai voulu étudier ici. Or, elle est évidemment un germe de progrès. L'exercice de l'intelligence apprend à changer de point de vue, c'est-
à-dire à gouverner son imagination, au lieu d'être
gouverné par elle. Ce n'est d'ailleurs pas demain
ni dans un siècle que ce renversement sera accom-
pli et peut-être ne le sera-t-il jamais.

La loi du point de vue unique ne cessera pas
de sitôt de régir la formation de l'opinion
publique.

———

NOTE SUR LA FORMATION DES IDÉES

NOTE SUR LA FORMATION DES IDÉES

Le grand mal, c'est de réfléchir.

Si une montagne se présente sur mon chemin, j'aimerai mille fois mieux la gravir que de délibérer avec moi-même si je dois dévier à droite ou à gauche, *avec l'obligation d'aboutir à une conclusion juste.*

Il y a des gens qui prétendent prendre du plaisir à penser. Mais, en fait, ils sont moins gais que ceux qui ne pensent pas.

Ensuite, ils ne sont pas nombreux. De sorte que ce plaisir doit être une perversion.

L'immense majorité des hommes se garde de réfléchir, et paie d'un prix immense, en travail, temps perdu, argent, son économie de pensée.

Peu à peu, les frottements sociaux ont résolu une foule de questions qui se posent dans la vie quotidienne : ces solutions empiriques sont précieusement recueillies et appliquées ensuite avec une rigueur mécanique.

Mais lorsqu'il s'agit d'admettre une idée nouvelle, c'est une autre affaire.

Il faut d'abord la concevoir, plus ou moins vaguement, ensuite la préciser, la définir, explorer ses limites, bien reconnaître ce qu'elle peut avoir de commun avec celles qu'on possède déjà, apprendre enfin à la manier, à la combiner avec d'autres, et tirer de ces rapprochements des conséquences. Tout cela ne va pas sans heurts et sans cahots. Voyons comment on s'en tire.

Car, si penser est le grand mal, c'est aussi la grande affaire.

L'excellence dans l'exercice de la pensée marque la plus grande différence entre les hommes. Une pensée forte, mise au service d'un caractère vigoureux, donne une supériorité telle qu'elle peut compenser mille fois les pires disgrâces infligées par la nature ou le hasard : Hannibal borgne, Tamerlan manchot et boiteux, Cervantès prisonnier, Beethoven sourd, en sont des exemples.

L'art de penser est donc le prince des arts, et, depuis Descartes, les plus hauts génies ont entamé ce problème qui commande tous les autres.

Plus tard, quand la science aura complètement résolu le problème de l'organisation de la pensée, et défini la discipline que chacun doit imposer à son cerveau pour lui assurer le meilleur rendement, on aura peine à croire que jadis on ait pensé sans guide ni règle, au hasard.

Mais, puisque c'est encore là que nous en sommes, j'adopterai la méthode appropriée à cet état de choses.

Loin de chercher à tracer des avenues de l'intelligence un plan précis, j'admettrai, dans toute leur imprécision, les balbutiements de la pensée qui se forme, les flottements de sa marche, le flou de ses transformations. Les lois qui apparaîtront ne seront pas dès lors celles qu'obtient la philosophie classique en appliquant des déductions exactes à des notions définies comme des diamants taillés, mais ce seront les plus essentielles, puisqu'elles exprimeront ce qu'il y a de constant dans le hasard. En somme, la précision d'une telle analyse, où le nombre des données est volontairement réduit au minimum, n'est autre que celle du calcul des probabilités, cette partie des mathématiques la plus profonde, qui touche le plus directement à notre sensibilité, la plus obscure peut-être pour le mathématicien et la plus éloquente pour l'esprit inculte. Le résultat le plus formel obtenu dans les quelques pages qui vont suivre appartient d'ailleurs au domaine du calcul des probabilités.

Lorsque dans la masse confuse des sensations, des souvenirs, des idées plus ou moins latentes où il puise sa matière première, l'esprit distingue une partie, comme on dégage un métal de sa gangue, on dit qu'il conçoit un objet.

L'objet se forme par raison suffisante et par contraste.

———

L'âne de Buridan.

L'âne de Buridan était un grand sage. Sollicité
par deux appétits exactement égaux, il est héroï-
quement mort de faim et de soif à la gloire du
principe de raison suffisante.

Ce principe est suspect aux philosophes, parce
qu'il n'a aucune conséquence précise ; mais c'est
en cela justement que réside sa force génératrice. En fait, c'est bien le grand maître de nos
actions.

Jamais un Parisien ne traverse la rue pour
aller visiter l'église Notre-Dame, parce qu'aucun
motif ne l'y sollicite un jour plutôt qu'un autre,
alors que tant d'Américains traversent l'Océan
pour la voir.

La publicité a pour premier but de créer des
raisons suffisantes, si infimes soient-elles. Le
seul fait, pour un produit quelconque, d'être proposé à chaque instant à l'esprit des gens qui pas-
sent dans la rue risque de leur donner, par les
associations d'idées les plus futiles, des velléités
de l'acheter, tandis que jamais, si le cirage X
n'affichait pas son existence, il n'aurait aucune
chance d'être choisi de préférence à tel autre.

C'est pourquoi une annonce ainsi conçue :

Cirage X — sans un mot de plus, a sa raison
d'être.

Pour que l'esprit se mette en travail, il faut en effet qu'il soit excité. Or le seul aiguillon qu'il connaisse est la souffrance, en entendant par là l'un quelconque des tons de la gamme qui va de la douleur brutale à cette souffrance atténuée qu'est le désir, en passant par la crainte (imagination d'une souffrance).

Ceci comporte déjà une conséquence importante : c'est que, dans la conception même de l'idée, l'esprit fait preuve de partialité. Puisqu'il va à la pêche aux idées avec des intentions, des aversions, des espérances, on peut être assuré qu'il ne pêchera pas n'importe quoi; ainsi *la conception même de l'objet est déjà un jugement.*

Les magistrats savent bien que rien n'est plus difficile que d'obtenir un exposé objectif des faits, même de témoins de très bonne foi. C'est la passion qui a porté l'esprit en avant, la passion se retrouvera dans ses œuvres.

Avec les meilleures intentions du monde, s'il cherche à se poser impartialement une question avant de la résoudre, il ne peut donc que la poser mal.

Les questions mal posées.

Ce qui pourrait à la rigueur dispenser de répondre à toutes les questions, c'est qu'elles sont toutes mal posées.

Doit-on dire : sept et trois fon-t-onze, ou bien : sept et trois fon (t) onze ? Tel est le type de la plupart des questions sur lesquelles s'acharne notre esprit. La réponse est : on doit dire : sept et trois font dix.

Il en est cependant qui sont bien posées : ce sont celles qui sont déjà résolues, car le dicton « une question bien posée est à moitié résolue » a seulement le tort de n'être pas assez hardi :

Une question très bien posée est exactement une question résolue.

Entre la question et sa réponse, il n'y a qu'une différence de degré, que nous prenons pour une différence de nature.

Lorsque la question est, de bonne foi, mal posée, c'est que celui qui la fait n'a pas aperçu l'un de ses éléments essentiels. De sorte que la traduction, dans la vie, de la première conséquence du principe de raison suffisante, pourrait être : les absents ont toujours tort, qu'il s'agisse d'arguments ou de personnes.

Là est la raison la plus profonde de l'indulgence parfois scandaleuse des jurys.

La victime a, aux yeux du jury, le grand tort de ne plus être là. Ce tort, le jury ne le lui pardonne pas, et, par voie de conséquence, acquitte assez volontiers son assassin.

Pour que la balance fût égale, en effet, entre la victime et le meurtrier, il faudrait que chaque juré eût assez d'imagination pour maintenir sans cesse présentes à son esprit la scène du crime et les souffrances de la victime. Elles pourraient alors combattre l'effet produit par le spectacle, sans cesse présent celui-là, de l'attitude lamentable du coupable, de ses angoisses, de ses remords.

Mais imagine-t-on ce que seraient les assises si vraiment on pouvait ressusciter les victimes pour la durée des débats ? Le jury bien souvent n'endurerait même pas l'audition des témoins et des plaidoiries. Il condamnerait dans un cri (je parle des cas où la culpabilité n'est pas douteuse) là où bien souvent il s'attendrit jusqu'à l'acquittement. Tel qui, présent au crime, aurait lynché le coupable, juré l'acquittera.

Le contraste

En second lieu l'idée se forme par contraste. Il faut, en effet, que l'objet ait une qualité qui n'appartienne pas à tout ce qui n'est pas lui.

Il suffit de lire attentivement cette proposition évidente pour constater que la définition de l'objet est essentiellement négative. C'est pourquoi les mots ont un sens négatif. Un socialiste n'est pas le partisan d'un ordre social bien déterminé, c'est avant tout un Monsieur qui n'aime pas les curés.

De même, puisque l'objet se distingue de tout ce qui n'est pas lui par un seul trait, c'est donc que, de prime abord, il n'en diffère par aucun autre trait : expression de la loi profonde, en vertu de laquelle deux objets ne peuvent faire contraste que s'ils se ressemblent entièrement sauf sur un point : un cygne blanc contraste avec un cygne noir, mais nullement avec un arbre (1).

(1) Dans la conception d'un objet, on voit qu'il y a *deux* objets : celui qui fait l'objet de la conception, et l'ensemble de tout le reste dont on le distingue.

Ceci indique comment le nombre 2 ne peut se déduire du nombre 1, mais lui est simultané. On pourrait développer beaucoup les conséquences de cette simultanéité, mais ce n'est point ici le lieu.

Enfin et surtout, la conception de l'objet n'est pas une opération précise. Le résultat qu'elle donne d'abord est un grossier à peu près. « Tuez-les tous, Dieu reconnaîtra les siens » : tel est le premier signalement qui fut donné des hérétiques au temps des Albigeois : c'était là évidemment une désignation approximative. Mais une fois l'assaut donné et la ville prise, rien n'empêche de faire des distinctions plus subtiles.

Ainsi procède l'esprit. Frappé par un violent contraste, il décide : ceci est le jour, ceci la nuit, et il ne sera pas embarrassé pour justifier cette distinction longtemps avant ou longtemps après le coucher du soleil. Mais il y a les limites et les transitions ; les définir sera la tâche d'une pensée beaucoup plus perfectionnée. L'astronome viendra, et *décidera*, d'après un criterium qui ne soit pas contradictoire avec les notions déjà acquises et qui soit simple (ici le lever ou le coucher du soleil) : à telle heure, telle minute, telle seconde, le jour fait place à la nuit. L'imprécision subsiste, puisque l'astronome ne va pas jusqu'aux milliardièmes de seconde, mais un nouveau pas est fait : on pourra aller plus loin le jour où la précision actuelle ne sera plus suffisante.

Les propositions précédentes, dont la vérité est générale, s'appliquent d'une manière particulièrement claire aux premières conceptions mathématiques. Celles-là se rapportent à des objets très bien formés, très nets, très bien *définis*.

La définition est une opération de l'esprit qui vient après la conception, pour parfaire son œuvre. La conception par raison suffisante et par contraste est une sorte de dégrossissage, la définition est un polissage.

Cette observation nous amène à faire, avant de passer à l'analyse de la Définition, une digression sur le rôle des mathématiques dans la formation du sens commun.

L'esprit mathématique et le sens commun.

Nous venons de dire que les mathématiques
considèrent des objets parfaits, qui offrent à la
pensée des points de repère très précis, et un
champ de bataille si bien tracé pour le choc des
opinions contraires qu'il ne peut y avoir, en
mathématiques, d'opinions contraires, de sorte
que toute question s'y résout par adhésion
unanime.

Il semble qu'une science constituée de telle
manière doive être un instrument d'investiga-
tion d'une puissance considérable, et c'est vrai.
Il semble aussi que son étude doive être de première importance pour la culture et l'exercice
de la pensée. Or, ce second point est beaucoup
moins vrai.

Quelle en est la raison? Justement la perfection de l'instrument mathématique qui, en ajou-
tant avec une facilité extrême à l'idée la plus in-
signifiante un cortège interminable de conséquences, lui prête une importance qu'elle n'a
pas. On croit donc aisément, en mathématiques,
avoir rencontré et accumulé beaucoup de pen-
sées diverses, alors qu'on a simplement pro-
mené très loin une pensée unique sur le véhi-
cule du calcul, à travers un pays très connu.

Si l'on réduit les mathématiques à leurs intuitions essentielles, amputées de toutes leurs déductions, on trouve un fonds riche et considérable, mais qui n'a plus l'air d'être universel.

En fait, on voit fort bien des mathématiciens habiles n'avoir pas le sens commun.

L'aptitude à comprendre les mathématiques ne comporte qu'un esprit de combinaison, tandis que l'étude et la pratique du droit, des affaires, exigent la compréhension, l'imagination de points de vue nouveaux et divers — en un mot développent directement l'intelligence.

Le mode de raisonnement adopté dans les mathématiques a rebuté d'ailleurs des intelligences aussi fortes que celle de Schopenhauer, tandis qu'on ne pourrait pas citer un seul grand homme d'action qui ait manqué de sens commun : ce serait même une contradiction dans les termes.

Il est cependant une branche des mathématiques qui traite de problèmes généraux qui intéressent tout le monde : celle qui traite de l'appréciation des risques et des espoirs.

Ainsi notre première digression sur les mathématiques nous amène à en faire une deuxième.

L'appréciation des chances à venir.

Voilà la plus grande question.

Placer son argent, choisir une carrière à ses enfants, ponter sur tel numéro, jouer sur tel cheval, s'attacher à la fortune de tel homme, etc. : ces mille problèmes dont est faite l'existence exigent que l'on escompte l'avenir. C'est le moment de prononcer le grand mot de probabilité, et de saluer toute la floraison de méditations géniales, de calculs profonds, d'erreurs et d'inepties qui sont écloses autour de ce mot.

L'idée de probabilité est fondamentale, elle agit pour une grande part dans la constitution de l'opinion publique, et à ce titre elle a droit au moins à un rapide examen.

La définition la meilleure qu'on puisse donner de l'existence d'une chose, c'est la probabilité pour que cette chose soit affectée (n'importe comment) par n'importe quoi.

En mathématiques, l'importance des différents objets qu'on considère étant exprimée entièrement par leur grandeur, on ne pourra donner de la grandeur d'un objet quelconque (ligne, surface ou volume) de meilleure définition que celle-ci :

La probabilité pour qu'un point désigné au hasard dans l'espace se trouve sur cet objet.

Si maintenant on cherche à exprimer de telles probabilités par les règles ordinaires du calcul des probabilités, on trouve qu'aucune formule ne les exprime. Mais elles n'en existent pas moins, et c'est même dans les conceptions de ce genre qu'on peut chercher la notion de l'*infini actuel* qui a tant de peine à s'introduire dans les mathématiques et que Pasteur appelait pourtant: la première de toutes les notions positives.

En effet, considérons dix points au hasard dans l'espace : quelle est la probabilité pour qu'un autre point désigné au hasard coïncide avec l'un d'eux?

Les formules indiquent une probabilité nulle, le nombre des cas favorables étant fini, celui des cas défavorables infini.

Le sens commun indique exactement une probabilité infiniment petite et non pas nulle : c'est-à-dire plus petite que toutes celles où le nombre des cas favorables et celui des cas défavorables sont comparables — mais double de celle correspondant à cinq points, quintuple de celle correspondant à deux points, décuple de celle qui correspond à un point.

En assimilant beaucoup des problèmes de probabilités que pose la vie quotidienne au tirage d'une boule dans une urne, les mathématiciens ont commis souvent de singulières erreurs, justement parce que le nombre des cas possibles est, dans la réalité, généralement infini.

Revenons maintenant au mécanisme de la formation des idées.

La définition.

Ainsi l'objet se conçoit d'abord par l'exclusion d'une certaine possibilité : c'est, avant tout, quelque chose dont il n'est pas possible de dire n'importe quoi, notamment telle chose A.

Ceci stipulé, on peut recommencer en juxtaposant à cette première impossibilité une autre B, etc.

Un moment donné, la conception s'arrête, et l'objet est formé. Du moins *elle décide que l'objet est formé, et cette décision le forme.*

En effet, quelle que soit, dès lors, la possibilité à laquelle l'on se propose d'exposer l'objet, on saura comment il se comportera dans toutes les éventualités qui feront intervenir les qualités A, B, etc. Et pour tout le reste, s'il y a hésitation, la décision prise indique que c'est complètement indifférent. Donc, si l'on hésite entre diverses possibilités, *on les décidera égales,* en vertu du principe de raison suffisante.

La définition peut donc se formuler ainsi :

J'appellerai X un objet dont on ne pourra jamais dire : A, B, C,... etc., et qui n'aura, autant que possible, pas d'autres singularités.

Ainsi donc, un objet est un ensemble d'idées en nombre indéfini, et susceptible de s'augmenter beaucoup par la réflexion. Au premier abord, l'objet se présente seulement comme un groupe de quelques idées qui constituent ses *propriétés* ou *attributs* et le *définissent*, ou plutôt *commencent à le définir*.

La réflexion fait découvrir ensuite d'autres propriétés qui peuvent même se trouver être plus caractéristiques que celles qu'on a vues d'abord La définition tend ainsi à se compléter.

Néanmoins l'objet est, dès le premier abord, existant, identifiable avec lui-même, par le fait que les idées qui le constituent sont *exclusives d'autres idées* qui forment les objets différents. Le rapprochement de ces idées dans l'esprit fait naître de violentes négations.

L'objet existe dès qu'on peut, étant donnée une idée (objet) à peu près quelconque, dire si elle est une propriété (fait partie) de l'objet en question.

Il peut arriver que des idées, en petit nombre, ne puissent être attribuées avec certitude à l'objet ou à ce qui n'est pas lui : ces idées (objets) litigieuses ou douteuses s'appellent les *limites* de l'objet.

Pour qu'un objet possède le plus possible la propriété fondamentale commune à tous les objets, l'existence, il faut donc que ses limites soient aussi réduites que possible; cela définira la sphère, le cercle, etc. Ces objets constituent donc, chacun dans leur espace, l'objet le plus parfait, le plus concevable, le plus simple, etc. expressions différentes d'une même idée inexprimable.

De même, étant donnés deux points, l'objet le plus simple, etc., dont ils puissent « faire partie », sera le segment de droite qui les joint (plus court chemin d'un point à un autre, etc.).

Ainsi l'on peut dire encore que l'objet résulte d'une *abstraction* et d'une *conception*.

L'abstraction consiste à tirer du néant (apparent) les idées.

La conception à les grouper, à décider qu'on va considérer leur ensemble.

La conception ou synthèse est donc postérieure à l'abstraction.

Entre les deux se place la *critique, choix, élimination*, opération par laquelle on écarte les idées contradictoires tirées par l'abstraction pêle-mêle du néant.

L'intériorité.

Un objet B fait partie d'un objet A s'il est
impossible de concevoir A sans concevoir B par
là même.

« Faire partie de », en géométrie, c'est « être
intérieur à ».

On dit : telle idée contient, renferme, telle
autre, ce qui nous représente un volume, une
surface, une ligne, qui contient, à son intérieur,
un certain élément.

Mais tout, dans la réalité, est *continu*, et de
même qu'il y a des degrés dans la qualité de faire
pa , de même il y a des degrés d'intériorité.

L'idée de navigation renferme essentiellement
celles de navire et de mer, mais peut-être pas
celle de naufrage ; c'est à voir. De même le centre
O d'une sphère est de toute évidence plus intérieur à cette sphère qu'un point A de sa périphérie. Pour le centre, le témoignage de nos sens
est absolument net, pour le point périphérique,
il pourra être moins immédiat.

Dans l'infinité des mouvements qu'on peut
concevoir, le centre commencera toujours son
déplacement à l'intérieur de la sphère, tandis
qu'il n'en sera pas toujours ainsi pour le point
périphérique, etc.

En somme, A appartient à la sphère à un degré moindre que O.

Dès lors, la conception même de l'objet est une erreur, ou, si l'on veut, une injustice.

Par cette conception, nous classons tous les points de l'espace en deux catégories opposées, extérieurs et intérieurs, sans faire d'abord aucune distinction entre les points d'une même catégorie, ce qui est inique.

D'où la querelle que soulèvent toutes les délimitations dans l'ordre administratif. S'il s'agit de définir la Champagne comme terre d'origine d'un vin spécial, la délimitation adoptée, quelle qu'elle soit, sera une iniquité pour les viticulteurs de la périphérie.

Ceux de l'extérieur auront absolument raison de protester contre l'avantage fait, non pas aux vignerons du centre — cela serait absurde — mais à leurs voisins immédiats de la périphérie, côté intérieur. Et qu'on fasse la délimitation large ou étroite, on rencontrera toujours cette difficulté dont il n'y a absolument pas moyen de sortir, elle est expressément inscrite dans la nature même des choses.

Penser, c'est donc faire un acte d'autorité, d'arbitraire, qui rend égaux les forts et les faibles, et inégaux les frères de la veille. C'est donc essentiellement se tromper.

Etant ainsi posé que l'intériorité est susceptible de plus et de moins, mesurons-la, d'abord pour l'objet le plus simple que

nous puissions concevoir : un segment de droite
A B.

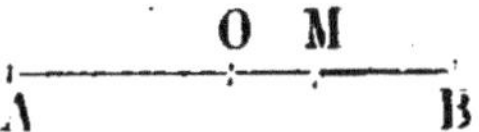

Bien plus, plaçons-nous, pour faire cette
mesure, au point de vue d'un être fictif pour qui
cette droite serait tout l'univers, qui y vivrait et
ignorerait le reste de l'espace : nous serons
assurés ainsi de faire apparaître ce qu'il y a de
plus primitif, de plus essentiel dans cette notion
d'intériorité. Pour cet être fictif, un point M
quelconque du segment sera d'autant plus intérieur qu'il sera plus différent (distant) des
limites, donc que MA et MB seront plus grands :
ceci d'une manière absolue et indépendamment
de toute autre contingence, et en particulier,
avant même de savoir si MA et MB sont liés
entre eux par une mutuelle dépendance : ainsi
l'intériorité apparaîtra comme mesurée par MA,
et aussi par MB (considérés provisoirement comme
indépendants l'un de l'autre) et par suite, selon
une loi essentielle de l'arithmétique, par leur
produit MA. MB (les deux quantités MA et MB
étant évaluées chacune par rapport à la dis-
tance A B, dont le choix comme unité s'impose).

Mais ce n'est pas sous cette forme que l'être
fictif, au nom duquel nous raisonnons, aura naturellement la notion de l'intériorité.

En effet, puisque nous considérons uniquement
le segment de droite A B, et que nos conceptions
sont limitées à ce segment, nous ne pouvons
concevoir d'autres grandeurs que des longueurs

analogues à AB. L'intériorité de M ne pourra donc être conçue que sous la forme d'une longueur. Cette longueur, étant telle qu'elle est connue dès que MA. MB, produit de deux autres longueurs, est connu, sera nécessairement la racine carrée de ce produit : ce qu'il me serait possible de démontrer rigoureusement.

L'intériorité de M est donc :

$$\sqrt{\overline{MA.MB}}.$$

On voit immédiatement que *le point le plus intérieur* sera le milieu O.

L'intériorité des limites A et B est nulle.

Remarque sur la valeur de l'intériorité moyenne. — Si nous divisons alors le segment A B en un grand nombre de parties infinitésimales, affectées chacune d'une intériorité conforme à la définition précédente, nous arrivons à la conception d'une certaine intériorité moyenne, qui est un nombre.

Ce nombre est le rapport $\frac{\pi}{4}$, $\pi = 3,14159.....$ étant le rapport de la circonférence au diamètre.

Ainsi $\frac{\pi}{4}$ caractérise l'intériorité moyenne d'un point d'un segment de droite, c'est-à-dire de l'objet le plus simple que nous puissions concevoir.

Cette interprétation justifie le rôle considérable que joue π non seulement dans la géométrie, mais dans le calcul des probabilités, qui tient de si près aux racines de toute pensée.

On voit que même un être fictif à une dimension, incapable d'avoir la moindre idée de ce que peut être un cercle, aurait cependant la notion du nombre π.

Mais puisqu'il est possible d'établir des correspondances de cette sorte entre nos notions les plus précises et les fonctions les plus ténébreuses du cerveau, ou peut prévoir le temps où la science de la pensée deviendra véritablement une science, dont certains résultats s'imposeront aussi brutalement que ceux de l'arithmétique. Ce jour-là, l'opinion publique éprouvera des transformations qu'il est impossible aujourd'hui de prévoir, et le problème qui fait l'objet de ce fascicule sera peut-être plus clair — et moins séduisant.

Paris, novembre 1913.

TABLE

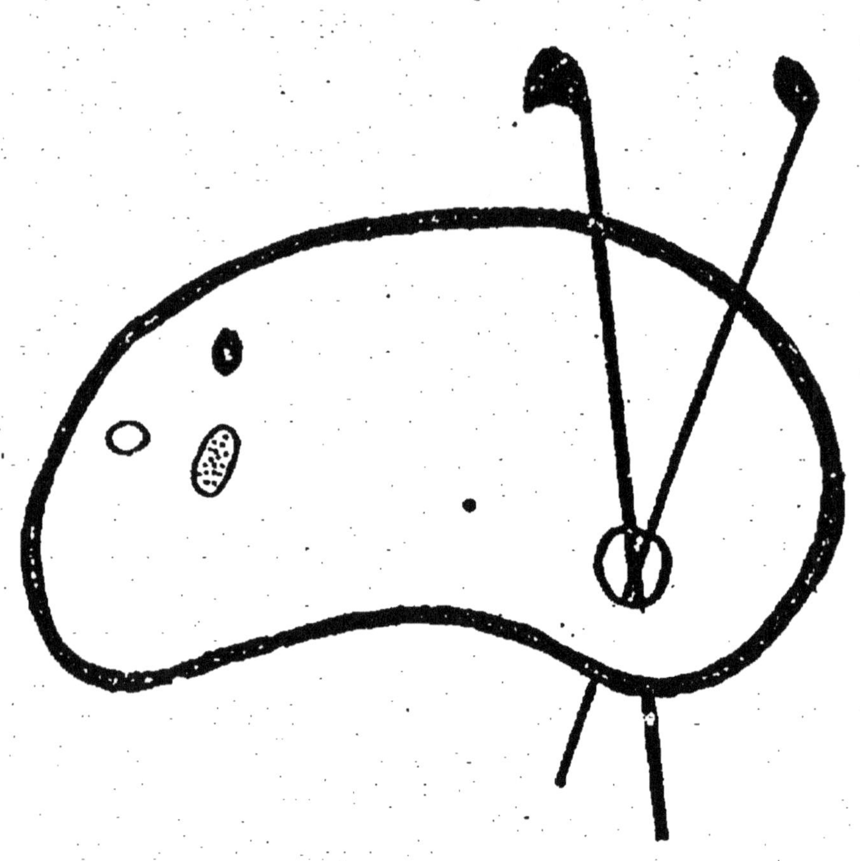

ORIGINAL EN COULEUR

NF Z 43-120-8